NEFF

WEISHEITEN ZUM TRÄUMEN

NEFF

Neff ist ein Imprint der
VPM Verlagsunion Pabel Moewig KG, Rastatt
© für diese Ausgabe by
VPM Verlagsunion Pabel Moewig KG, Rastatt
Alle Rechte vorbehalten
Umschlaggestaltung: Werbeagentur Zeuner, Ettlingen
Druck und Bindung: Elsnerdruck, Berlin
Printed in Germany
ISBN 3-8118-5767-3

Wenn einer allein träumt,
dann bleibt es ein Traum.
Wenn aber alle gemeinsam träumen,
dann wird es Wirklichkeit.

HELDER CAMARA

**Einige Menschen sehen die Dinge,
wie sie sind, und fragen: warum?
Ich träume nie dagewesene Träume
und frage: warum nicht?**

GEORGE BERNARD SHAW

*Jeder trägt in sich das Urbild der Schönheit,
deren Abbild er in der großen Welt sucht.*

BLAISE PASCAL

WAGE DU, ZU IRREN UND ZU TRÄUMEN!
HOHER SINN LIEGT OFT IN KIND'SCHEM
SPIEL.

FRIEDRICH SCHILLER

Hoffnungen, Pläne und Illusionen sind
Verjüngungselemente des Lebens.
Es sind Morgenröten,
deren Glanz immer wieder bezaubert.

MARTIN KESSEL

Wir sind nichts.
Was wir suchen, ist alles.

FRIEDRICH HÖLDERLIN

Wo schlägt ein Herz, das bleibend fühlt?
Wo ruht ein Grund, nicht stets durch-
wühlt?
Wo strahlt ein See, nicht stets durchspült?
Ein Mutterschoß, der nie erkühlt?
Ein Spiegel, nicht für jedes Bild?
Wo ist ein Grund, ein Dach, ein Schild,
ein Himmel, der kein Wolkenflug,
ein Frühling, der kein Vogelzug,
wo eine Spur, die ewig treu,
ein Gleis, das nicht stets neu und neu?
Ach, wo ist Bleibens auf der Welt,
ein redlich, ein gefriedet Feld,
ein Blick, der hin und her nicht schweift
und dies und das und nichts ergreift,
ein Geist, der sammelt und erbaut -
ach, wo ist meiner Sehnsucht Braut?

CLEMENS BRENTANO

Sehnsucht zum Licht
ist des Lebens Gebot.

HENRIK IBSEN

Fortschritt
ist die Verwirklichung von Utopien.

OSCAR WILDE

**Der Mensch ist eine Sonne.
Seine Sinne sind seine Planeten.**

NOVALIS

*Nachts, wenn gute Geister schweifen,
Schlaf dir von der Stirne streifen,
Mondenlicht und Sternenflimmern
dich mit ewigem All umschimmern,
scheinst du dir entkörpert schon,
wagest dich an Gottes Thron.*

JOHANN WOLFGANG VON GOETHE

WER FREIHEITEN AUFGIBT,
UM SICHERHEIT ZU GEWINNEN,
VERDIENT WEDER FREIHEIT
NOCH SICHERHEIT.

BENJAMIN FRANKLIN

Darfst das Leben mit Würde ertragen,
nur die Kleinlichen macht es klein;
Bettler können dir Bruder sagen,
und du kannst doch ein König sein.

RAINER MARIA RILKE

Mit jeder hohen Forderung, die wir aufgeben,
verläßt uns ein Engel.

WALDEMAR BONSELS

Tage weben aus leuchtender Sonne
dir deinen Purpur und Hermelin,
und, in den Händen Wehmut und Wonne,
liegen die Nächte vor dir auf den Knien.

RAINER MARIA RILKE

Es ist traurig, eine Ausnahme zu sein. Aber
noch viel trauriger ist es, keine zu sein.

PETER ALTENBERG

Am Donner des schäumenden Wasserfalls
oder beim Glanze jener leuchtenden
Systeme,
die sich über uns kreuzen, findet der
wahre Mensch seine heiligsten Stunden.

GOTTFRIED KELLER

Das Meer ist der Raum der Hoffnung.

FRIEDRICH SCHILLER

**Niemals ist man weniger allein,
als wenn man mit sich allein ist.**

FRED ASTAIR

**Der Mensch ist für eine freie Existenz gemacht,
und sein innerstes Wesen sehnt sich
nach dem Vollkommenen, Ewigen und Unendlichen
als seinem Ursprung und Ziel.**

MATTHIAS CLAUDIUS

*Eines zu sein mit allem,
das ist Leben der Gottheit,
das ist der Himmel des Menschen.
Eines zu sein mit allem, was lebt,
in seliger Selbstvergessenheit
wiederzukehren ins All der Natur,
das ist der Gipfel
der Gedanken und Freuden.*

FRIEDRICH HÖLDERLIN

**DEN GIPFEL IM AUGE WANDELN WIR
GERNE AUF DER EBENE.**

JOHANN WOLFGANG VON GOETHE

**Den Wert eines Menschenlebens bestimmt
nicht seine Länge, sondern seine Tiefe.**

GUSTAV FRENSSEN

**Ich stehe mit beiden Beinen fest in den
Wolken.**

HERMAN VAN VEEN

Franzosen und Russen gehört das Land.
Das Meer gehört den Briten.
Wir aber besitzen im Luftreich des Traums
die Herrschaft unbestritten.

HEINRICH HEINE

Ach, daß wir doch,
dem reinen stillen Wink
des Herzens nachzugehn,
so sehr verlernen!
Ganz leise spricht ein Gott in unsrer Brust,
ganz leise, ganz vernehmlich, zeigt uns an,
was zu ergreifen ist und was zu fliehn.

JOHANN WOLFGANG VON GOETHE

Das Leben ist Schlaf, dessen Traum die
Liebe ist. Du wirst gelebt haben, wenn
du geliebt haben wirst.

ALFRED DE MUSSET

Alles hat sich geändert,
nur das menschliche Denken nicht.

ALBERT EINSTEIN

◆

Ich wohne am liebsten im Walde,
das ist meine Freude.
Hier in meiner Einsamkeit
schadet es niemand,
daß ich bin, wie ich bin; aber wenn
ich mit anderen zusammenkomme,
muß ich alle meine Mühe anwenden,
um zu sein, wie ich sollte.
KNUT HAMSUN

NICHTS UNTERHÄLT SO GUT
DIE SINNE MIT DER PFLICHT IM FRIEDEN,
ALS FLEISSIG SICH
DURCH ARBEIT ZU ERMÜDEN.
NICHTS BRINGT SIE LEICHTER
AUS DEM GLEIS
ALS MÜSSIGE TRÄUMEREIEN.
CHRISTOPH MARTIN WIELAND

Alles beginnt mit der Sehnsucht.
NELLY SACHS

Wir können nicht leben,
wenn wir die Sonne nicht suchen.
LUDWIG GANGHOFER

Hebt man den Blick,
so sieht man keine Grenzen.

AUS JAPAN

Der Mensch, das sonderbare Wesen:
Mit den Füßen im Schlamm, mit dem
Kopf in den Sternen.

ELSE LASKER-SCHÜLER

Wer nicht auf die hohen Berge steigt,
kennt die Ebene nicht.

AUS CHINA

O gäb's doch Sterne, die nicht bleichen,
wenn schon der Tag den Ost besäumt;
von solchen Sternen ohnegleichen
hat meine Seele oft geträumt.

RAINER MARIA RILKE

Was auch als Wahrheit oder Fabel
in tausend Büchern dir erscheint,
das alles ist ein Turm zu Babel,
wenn es die Liebe nicht vereint.

JOHANN WOLFGANG VON GOETHE

*Die Moral, die gut genug war
für unsere Väter,
ist nicht gut genug für unsere Kinder.*
MARIE VON EBNER-ESCHENBACH

Die im Wachen träumen, haben Kenntnis
von tausend Dingen, die jenen entgehen,
die nur im Schlaf träumen.
ALFRED OTTO WOLS

Das Denken
ist das Selbstgespräch der Seele.
PLATON

Wer barfuß geht,
den drücken die Schuhe nicht.
SPRICHWORT

Ideale sind wie Sterne.
Wir erreichen sie niemals,
aber wie die Seefahrer auf dem Meer
richten wir unseren Kurs nach ihnen.
CARL SCHURZ

Der Traum ist der beste Beweis dafür,
daß wir nicht so fest in unsere Haut
eingeschlossen sind, als es scheint.

CHRISTIAN FRIEDRICH HEBBEL

Du siehst die leuchtende Sternschnuppe
nur dann, wenn sie vergeht.

FRIEDRICH HEBBEL

Eben die Träume verraten mir's,
daß es auf die Neige geht,
ich meine, die wachen Träume,
die jeder Mensch hat.
Bestehen diese Träume in Hoffnungen,
so ist man jung,
bestehen sie in Erinnerungen,
so ist man alt.

JOHANN NEPOMUK NESTROY

Blühe, blühe, Blütenbaum,
balde kommt das Reifen.
Blühe, blühe, Blütenbaum.
Meiner Sehnsucht schönsten Traum
lehr mich ihn begreifen.

RAINER MARIA RILKE

Die Männer träumen, wenn sie schlafen.
Die Frauen träumen,
wenn sie nicht schlafen können.
ISA MIRANDA

JEDER MENSCH HAT DIE KEIME
ALLER MENSCHLICHEN EIGENSCHAFTEN
IN SICH.
MANCHMAL KOMMEN DIE EINEN
ZUM VORSCHEIN,
MANCHMAL DIE ANDEREN.
LEW N. TOLSTOI

Es ist wichtiger,
Menschen zu studieren als Bücher.
LA ROCHEFOUCAULD

Nicht der Besitz, nur das Enthüllen,
das leise Finden ist nur süß.
CHRISTOPH AUGUST TIEDGE

Betrachte einmal die Dinge
von einer anderen Seite,
als du sie bisher sahst,
denn das heißt ein neues Leben beginnen.
MARK AUREL

Späte Freuden sind die schönsten;
sie stehen zwischen
entschwundener Sehnsucht
und kommendem Frieden.

MARIE VON EBNER-ESCHENBACH

Zu erfinden, zu beschließen,
bleibe, Künstler, oft allein.

JOHANN WOLFGANG VON GOETHE

Wer schlägt den Löwen?
Wer schlägt den Riesen?
Wer überwindet jenen und diesen?
Das tut einer, der sich selbst bezwingt.

WALTHER VON DER VOGELWEIDE

Vernunft und Gefühl sind die Sonne
und der Mond am moralischen Firmament.
Immer nur in der heißen Sonne
würden wir verbrennen;
immer nur im kühlen Mond würden wir erstarren.

FRIEDRICH MAXIMILIAN VON KLINGER

Zwei Augen hat die Seel':
Eins schauet in die Zeit,
das andre richtet sich hin
in die Ewigkeit.

ANGELUS SILESIUS

ES IST WICHTIGER,
DAß JEMAND SICH ÜBER
EINE ROSENBLÜTE FREUT,
ALS DAß ER IHRE WURZEL
UNTER DAS MIKROSKOP BRINGT.

OSCAR WILDE

Jeder ist ein Mond
und hat eine dunkle Seite,
die er niemandem zeigt.

MARK TWAIN

Wenn Leute ihre Träume
aufrichtig erzählen wollten,
da ließe sich der Charakter
eher daraus erraten, als aus dem Gesicht.

GEORG CHRISTOPH LICHTENBERG

Verstand und Witz kann leicht ergötzen,
doch fesseln kann allein das Herz.
WILHELM HEY

Es muß das Herz bei jedem Lebensrufe
bereit zum Abschied sein
und Neubeginne.
HERMANN HESSE

Ich weiß wohl,
daß man dem das Mögliche nicht dankt,
von dem man das Unmögliche
gefordert hat.
JOHANN WOLFGANG VON GOETHE

Ein Menschenleben - ach, es ist so wenig,
ein Menschenschicksal aber ist so viel!
FRANZ GRILLPARZER

In einem guten Gedanken
ist Gutes für alle Menschen.
INDIANISCHE WEISHEIT

Wenige richten sich nach ihrem Stern.
WILLIAM SHAKESPEARE

*Wir schlafen im Leibe
wie Austern in der Schale.*
PLATON

DER IST BEGLÜCKT, DER SEIN DARF,
WAS ER IST.
FRIEDRICH VON HAGEDORN

Der Mut will lachen.
FRIEDRICH NIETZSCHE

Weisheit ist Harmonie.
NOVALIS

Die Seele sucht eine Seele.
HEINRICH HEINE

Eines Tages werden Maschinen
vielleicht nicht nur rechnen,
sondern auch denken.
Mit Sicherheit aber
werden sie niemals Phantasie haben.
THEODOR HEUSS

Da ich nicht reich bin,
bring ich dir viel in der Seele mit.
JOHANN WOLFGANG VON GOETHE

Nichts auf der Welt ist so mächtig
wie eine Idee, deren Zeit gekommen ist.
VICTOR HUGO

Wär nicht das Auge sonnenhaft,
die Sonne könnt' es nie erblicken;
läg nicht in uns des Gottes eigne Kraft,
wie könnt uns Göttliches entzücken.
JOHANN WOLFGANG VON GOETHE

Die Natur ist ein unendlich geteilter Gott.
FRIEDRICH SCHILLER

Die Herrlichkeit der Welt
ist immer adäquat der Herrlichkeit
des Geistes, der sie betrachtet.
Der Gute findet hier sein Paradies,
der Schlechte genießt schon hier seine Hölle.
HEINRICH HEINE

BLEIB' NICHT AUF EBNEM FELD!
STEIG' NICHT SO HOCH HINAUS!
AM SCHÖNSTEN SIEHT DIE WELT
VON HALBER HÖHE AUS.
FRIEDRICH NIETZSCHE

Man sieht nur mit dem Herzen gut.
Das Wesentliche
ist für die Augen unsichtbar.
ANTOINE DE SAINT-EXYPÉRY

Man müßte das Leben so einrichten,
daß jeder Augenblick bedeutungsvoll ist.
IWAN S. TURGENJEW

Ich bin ein Wanderer und ein Bergsteiger,
sagte er zu seinem Herzen,
ich liebe die Ebenen nicht, und es scheint,
ich kann nicht lange still sitzen.
Und was mir nun auch noch
als Schicksal und Erlebnis komme
- ein Wandern wird darin sein
und ein Bergsteigen:
man erlebt endlich nur noch sich selbst.
FRIEDRICH NIETZSCHE

Der Wert eines Menschen
bestimmt sich nach seiner Freiheit -
nach der, die er hat,
und nach der, die er bewilligt.

OTTO FLAKE

Genieß die Gegenwart mit frohem Sinn,
sorglos, was dir die Zukunft bringen werde.
Doch nimm auch bittern Kelch
mit Lächeln hin —
vollkommen ist kein Glück auf dieser Erde.

HORAZ

Schlägt dir die Hoffnung fehl,
nie fehle dir das Hoffen!
Ein Tor ist zugetan,
doch tausend sind noch offen.

FRIEDRICH RÜCKERT

Es würde viel weniger Böses
auf Erden getan,
wenn das Böse niemals im Namen
des Guten getan werden könnte.

MARIE VON EBNER-ESCHENBACH

**Weiß ich, womit du dich beschäftigst,
so weiß ich, was aus dir werden kann.**

JOHANN WOLFGANG VON GOETHE

*Nur durch den Winter
wird der Lenz errungen.*

GOTTFRIED KELLER

Das Leben ist wundervoll.
Es gibt Augenblicke,
da möchte man sterben.
Aber dann geschieht etwas Neues,
und man glaubt, man sei im Himmel.

EDITH PIAF

**Manchmal sieht unser Schicksal aus
wie ein Fruchtbaum im Winter.
Wer sollte bei dem traurigen Ansehn
desselben wohl denken,
daß diese starren Äste,
diese zackigen Zweige im nächsten Frühjahr
wieder grünen, blühen, sodann Früchte tra-
gen können?**

JOHANN WOLFGANG VON GOETHE

Der Himmel senket sich,
er kommt und wird zur Erden.
Wann steigt die Erd' empor
und wird zum Himmel werden?

ANGELUS SILESIUS

Der Widerspruch ist es,
der uns produktiv macht.

JOHANN WOLFGANG VON GOETHE

Wonach soll man am Ende trachten?
Die Welt zu kennen und sie nicht verachten.

JOHANN WOLFGANG VON GOETHE

Die das Dunkel nicht fühlen,
werden sich nie nach dem Licht umsehen.

HENRY THOMAS BUCKLE

Nicht der ist auf der Welt verwaist,
dem Vater und Mutter gestorben,
sondern der für Herz und Geist
kein Lieb' und kein Wissen erworben.

FRIEDRICH RÜCKERT

Die zur Wahrheit wandern, wandern allein.

CHRISTIAN MORGENSTERN

Befriedigung, die ich nach außen träumte,
kam nur von innen selber in mein Dach.
Das Leben rächt ja stets, was es versäumte.
FRANZ GRILLPARZER

LUST UND LIEBE
SIND DIE FITTICHE ZU GROSSEN TATEN.
FRIEDRICH SCHILLER

Und ich weiß jetzt: wie die Kinder werde.
Alle Angst ist nur ein Anbeginn;
aber ohne Ende ist die Erde,
und das Bangen ist nur die Gebärde,
und die Sehnsucht ist ihr Sinn.
RAINER MARIA RILKE

Nur wer irgendein Ideal,
das er ins Leben ziehen will,
in seinem Inneren hegt und nährt,
ist verwahrt gegen die Gifte und Schmerzen
der Zeit.
JEAN PAUL

Sei nicht einfach gut,
sei gut für etwas!
HENRY DAVID THOREAU

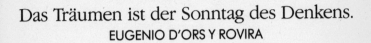

Das Träumen ist der Sonntag des Denkens.
EUGENIO D'ORS Y ROVIRA

Trenne dich
nie von deinen Illusionen
und Träumen.
Wenn sie verschwunden sind,
wirst du weiter existieren,
aber aufgehört haben zu leben.

MARK TWAIN

Leben heißt träumen;
weise sein heißt angenehm träumen.

FRIEDRICH SCHILLER

IN DEN TRÄUMEN JEDES EINZELNEN LIEGT
DIE HOFFNUNG,
DAß DAS EIGENE LEBEN NICHT UMSONST
GELEBT WORDEN SEI.

BARRY LOPEZ

Der Feierabend ist gemacht,
die Arbeit schläft, der Traum erwacht,
die Sonne führt die Pferde trinken;
der Erdkreis wandert zu der Ruh,
die Nacht drückt ihm die Augen zu,
die schon dem süßen Schlafe winken.

JOHANN CHRISTIAN GÜNTHER

Schweigt der Menschen laute Lust:
Rauscht die Erde wie in Träumen
wunderbar mit allen Bäumen,
was dem Herzen kaum bewußt,
alte Zeiten, linde Trauer,
und es schweifen leise Schauer
wetterleuchtend durch die Brust.

JOSEPH VON EICHENDORFF

Frieden findet man nur in den Wäldern.

MICHELANGELO BUONARROTI

Was dem Herzen widerstrebt,
läßt der Kopf nicht ein.

ARTHUR SCHOPENHAUER

*Durch eine einfache Verneigung
vor dem Nest einer Ohrenlerche
kannst du dein Leben
wieder auf das setzen,
wovon du träumst.*

BARRY LOPEZ

*Der Traum ist der innere Psychotherapeut,
der immer in uns tätig ist.*

PETER HAERLIN

Einmal im Leben
sollte der Mensch sich auf seine
Erinnerung an die Erde konzentrieren.
Er sollte sich einer bestimmten,
von ihm erfahrenen
Landschaft hingeben,
sie aus so vielen Blickwinkeln
wie möglich betrachten,
über sie staunen, über sie nachdenken.
Er sollte sich vorstellen,
wie er sie zu jeder
Jahreszeit mit den Händen berührt
und den Geräuschen lauscht,
die auf ihr laut werden.
Er sollte sich
die Lebewesen dort vorstellen
und all die kleinen
Regungen des Windes.
Er sollte sich
auf den Glanz des Mondes besinnen
und auf die Farben der Morgen- und
Abenddämmerung.

N. SCOTT MOMADAY

Welchen Gewinn bringt es uns im Grund,
rein praktisch gesprochen, aller Poesie,
allen Träumen, aller schönen Mystik,
allen Lügen das Leben zu rauben?
Was ist die Wahrheit, wissen Sie das?
Wir bewegen uns doch nur durch Symbole vorwärts,
je nachdem wir vorwärts schreiten.

KNUT HAMSUN

*Jeder muß sich selbst austrinken wie einen
Kelch.*

CHRISTIAN MORGENSTERN

Bei meinem Saitenspiele schlafe!
Was willst du mehr?

JOHANN WOLFGANG VON GOETHE

Die Welt in ihrer Tiefe verstehen heißt,
den Widerspruch verstehen.

FRIEDRICH NIETZSCHE

*Es gibt einige Freundschaften,
die im Himmel beschlossen und auf Erden
vollzogen werden.*

MATTHIAS CLAUDIUS

Man träumt nicht mehr so schön,
wenn man erwachsen ist.

KNUT HAMSUN

Sich schöne Träume zu bilden,
mögen diese nun Realität haben
oder nicht,
ist doch immer ein herrliches Vermögen
der Menschheit.

FRIEDRICH HEBBEL

Willst du eine freie Seele haben,
so mußt du entweder arm sein oder wie ein Armer
leben.

LUCIUS ANNAEUS SENECA

Wir alle schreiten durch die Gasse, aber
einige wenige blicken zu den Sternen auf.

OSCAR WILDE

DIE JUGEND NÄHRT SICH VON TRÄUMEN,
DAS ALTER VON ERINNERUNGEN.

SPRICHWORT

Erinnerung heißt die Kunst,
einmal Genossenes nicht nur festzuhalten,
sondern es immer reiner auszuformen.
HERMANN HESSE

Ich begreife die Menschen nicht.
Ich muß mich noch so oft
über sie wundern,
und daran spüre ich, daß ich jung bin.
JOHANN WOLFGANG VON GOETHE

Die Freiheit besteht darin,
daß man alles das tun kann,
was einem anderen nicht schadet.
MATTHIAS CLAUDIUS

Doch ist jedem eingeboren,
daß sein Gefühl hinauf- und vorwärtsdringt,
wenn über uns, im blauen Raum verloren, ihr
schmetternd Lied die Lerche singt,
wenn über schroffen Fichtenhöhen
der Adler ausgebreitet schwebt
und über Flächen, über Seen
der Kranich nach der Heimat strebt.
JOHANN WOLFGANG VON GOETHE

Wenn deine Wimper neidisch fällt,
dann muß in deiner innern Welt
ein lichter Traum beginnen:
Dein Auge strahlt nach innen.
LUDWIG UHLAND

SUCHEN WIR UNSER LICHT
IN UNSEREN GEFÜHLEN!
JOSEPH JOUBERT

Nicht der ist arm,
der sich keinen Jugendtraum erfüllt hat,
sondern der schon in der Kindheit
nichts träumte.
ADOLF NOWACZYNSKI

Denken ist eine Befriedigung,
die sich im Kopf abspielt.
GABRIELE WOHMANN

Freund, so du etwas bist, so bleib doch ja
nicht stehn:
Man muß aus einem Licht fort in das
andre gehn.
ANGELUS SILESIUS

Ach, umsonst auf allen Länderkarten
spähst du nach dem seligen Gebiet,
wo der Freiheit ewig grüner Garten,
wo der Menschheit schöne Jugend blüht.
In des Herzens heilig stille Räume
mußt du fliehen aus des Lebens Drang:
Freiheit ist nur in dem Raum der Träume,
und das Schöne blüht nur im Gesang.

FRIEDRICH SCHILLER

Seid gesegnet, goldne Kinderträume,
Ihr verbargt des Lebens Armut mir,
Ihr erzogt des Herzens gute Keime,
was ich nie erringe, schenktet ihr!

FRIEDRICH HÖLDERLIN

Den bängsten Traum begleitet
ein heimliches Gefühl,
daß alles nichts bedeutet,
und wär' es noch so schwül.
Da spielt in unser Weinen
ein Lächeln hold hinein.
Ich aber möchte meinen,
so sollt es immer sein.

FRIEDRICH HEBBEL

Wenn ich so recht niedergeschlagen,
rat- und hilflos und unglücklich bin,
so lege ich mich ruhig zu Bette,
schließe die Augen, entferne alles
und träume in selige Ruhe hinein.
LUDWIG FEUERBACH

FREUDE BERAUSCHT.
KNUT HAMSUN

Die Sterne, die begehrt man nicht,
man freut sich ihrer Pracht,
und mit Entzücken blickt man auf
in jeder heitern Nacht.
JOHANN WOLFGANG VON GOETHE

Das Genie hat etwas
vom Instinkt der Zugvögel.
JAKOB BOSSHART

Ich bin sehr viel mitleidiger
in meinen Träumen als im Wachen.
GEORG CHRISTOPH LICHTENBERG

Ich weiß nicht, wie mir geschieht...
Weiß nicht, was Wonne ich lausche,
mein Herz ist fort wie im Rausche,
und die Sehnsucht ist wie ein Lied.

RAINER MARIA RILKE

Was gegen die Natur ist, das ist gegen Gott.

FRIEDRICH HEBBEL

*Gegen die Erde gibt es keinen Trost
als den Sternenhimmel.*

JEAN PAUL

**Die Nacht im Silberfunkenkleid
streut Träume eine Handvoll,
die füllen mir mit Trunkenheit
die tiefe Seele randvoll.**

RAINER MARIA RILKE

**Die größten Ereignisse, das sind nicht unsere
lautesten, sondern unsere stillsten Stunden.**

FRIEDRICH NIETZSCHE

*Nur der Denkende erlebt sein Leben,
am Gedankenlosen zieht es vorbei.*

MARIE VON EBNER-ESCHENBACH

◆

TRÄUME KOMMEN VON GOTT.
FRIEDRICH SCHILLER

Nur der Einsame findet den Wald;
wo ihn mehrere suchen, da flieht er,
und nur die Bäume bleiben zurück.
PETER ROSEGGER

Träume sind eine Art Fernsehen im Schlaf.
ALBERTO SORDI

Und die Erfahrung hat es mir gegeben,
daß der Mensch nur träumt im Leben
das, was ist - bis zum Erwachen.
PEDRO CALDERÒN DE LA BARCA

Du kamst, du gingst mit leiser Spur,
ein flüchtger Gast im Erdenland.
Woher? Wohin? Wir wissen nur:
Aus Gottes Hand in Gottes Hand.
LUDWIG UHLAND

Die Ahnung ist des Herzens Licht.
KARL LEBERECHT IMMERMANN

Das Herz gibt allem,
was der Mensch sieht und hört
und weiß, die Farbe.
JOHANN HEINRICH PESTALOZZI

Gar nichts zu tun,
das ist die allerschwierigste Beschäftigung
und zugleich diejenige,
die am meisten Geist voraussetzt.
OSCAR WILDE

Des Menschen Seele
gleicht dem Wasser:
Vom Himmel kommt es,
zum Himmel steigt es,
und wieder nieder
zur Erde muß es,
ewig wechselnd.
JOHANN WOLFGANG VON GOETHE

LAß DER SONNE GLANZ VERSCHWINDEN,
WENN ES IN DER SEELE TAGT:
WIR IM EIGNEN HERZEN FINDEN,
WAS DIE GANZE WELT VERSAGT.
JOHANN WOLFGANG VON GOETHE

Alles Edle ist an sich stiller Natur
und scheint zu schlafen,
bis es durch Widerspruch geweckt
und herausgefordert wird.

JOHANN WOLFGANG VON GOETHE

Die Ruhe der Seele ist ein herrliches Ding
und die Freude an sich selbst.

JOHANN WOLFGANG VON GOETHE

Es ist göttlich, nichts zu bedürfen,
und gottähnlich, nur wenig nötig zu haben.

DIOGENES

Wir sind gleichzeitig Zuschauer
und Schauspieler im großen Drama des
Seins.

NIELS BOHR

Ein Augenblick, gelebt im Paradies,
wird nicht zu teuer mit dem Tod gebüßt.

FRIEDRICH SCHILLER

Auch die Augen haben ihr täglich Brot:
den Himmel.

RALPH WALDO EMERSON

**Wer zur Quelle gehen kann,
gehe nicht zum Wassertopf.**

LEONARDO DA VINCI

*Einem Land, in dem die Blumen teuer sind,
fehlt die Grundlage der Kultur.*

AUS CHINA

DIE NATUR HASST DIE VERNUNFT.

OSCAR WILDE

Wer singen will, findet immer ein Lied.

AUS SCHWEDEN

Sache der Seele aber ist es,
die innere Heiterkeit so lange
und immer in dem Grade zu erhalten,
als es möglich ist.

WILHELM VON HUMBOLDT

Einen Tag lang ungestört in Muße
zu verleben,
heißt einen Tag lang ein Unsterblicher
sein.

AUS CHINA

Ist der Tod nur ein Schlaf,
wie kann dich das Sterben erschrecken?
Hast du es je noch gespürt,
wenn du des Abends entschliefst?

FRIEDRICH HEBBEL

*Sobald du dir vertraust,
sobald weißt du zu leben.*

JOHANN WOLFGANG VON GOETHE

Die wahren Wanderer sind jene,
welche reisen nur um zu reisen,
und mit federleichtem Sinn;
und niemals können sie ihr Schicksal
von sich weisen, sie rufen ohne Grund:
Nur vorwärts und dahin!
Und ihre Wünsche sind wie Wolken vielgestaltig,
sie träumen wie ein Held vor seiner ersten Schlacht
von weiten Wonnen, stets verändert, tausendfaltig,
wie keines Menschen Geist sie je zu schaun
gedacht!

CHARLES BAUDELAIRE

Eines Schatten Traum ist der Mensch.

PINDAR

JE NÄHER WIR DER NATUR SIND,
DESTO NÄHER FÜHLEN WIR UNS DER GOTT-
HEIT.

JOHANN WOLFGANG VON GOETHE

Zwei Wahrheiten
können sich nie widersprechen.

GALILEO GALILEI

Hoffnung, das ist die Illusionskraft der Seele,
die in ihrer Illusion neun Zehntel des Glücks,
das sie erwartet, vorweg genießt.

GERHART HAUPTMANN

Wer glücklich ist, fühlt,
wer unglücklich ist, denkt.

JOACHIM FERNAU

Der Mensch ist zur Freiheit verurteilt.

JEAN-PAUL SARTRE

**Ich habe es sehr deutlich gemerkt,
daß ich oft eine andere Meinung habe,
wenn ich liege, und eine andere, wenn
ich stehe.**

GEORG CHRISTOPH LICHTENBERG

**Ich bin wie eine Brieftaube,
die man vom Urquell der Dinge
in ein fremdes Land getragen
und dort freigelassen hat.
Sie trachtet ihr ganzes Leben
nach der einstigen Heimat;
ruhelos durchmißt sie das Land nach allen Seiten.
Oft fällt sie zu Boden in ihrer großen Müdigkeit,
und man kommt, hebt sie auf,
pflegt sie und will sie ans Haus gewöhnen.
Aber sobald sie die Flügel nur wieder fühlt,
fliegt sie von neuem fort.**

CHRISTIAN MORGENSTERN

*Genie ist das Vermögen,
von eingebildeten Gegenständen
wie von wirklichen zu handeln.*

NOVALIS

WER WENIG BEDARF, DER KOMMT NICHT
IN DIE LAGE,
AUF VIELES VERZICHTEN ZU MÜSSEN.
PLUTARCH

Jedes Süße hat sein Bitteres,
jedes Bittere sein Süßes,
jedes Böse sein Gutes.
RALPH WALDO EMERSON

Wahrheit ist innere Harmonie.
WALTHER RATHENAU

Ein scheues Wild die Gedanken sind.
Jag ihnen nach, sie fliehen geschwind.
Siehst du sie hellen Auges an,
zutraulich wagen sie sich heran.
PAUL HEYSE

Ohne Phantasie keine Güte, keine Weisheit.
MARIE VON EBNER-ESCHENBACH

**Holde Freundin Phantasie,
bleibst du mir zugegen,
fehlt ein tröstlich Licht mir nie
auch auf dunklen Wegen.**
KARL VON GEROK

**Auf den Bergen ist Freiheit!
Der Hauch der Grüfte
steigt nicht hinauf in die reinen Lüfte.**

FRIEDRICH SCHILLER

*Ich habe heute ein paar Blumen
für dich nicht gepflückt,
um dir ihr Leben mitzubringen.*

CHRISTIAN MORGENSTERN

ÜBER ALLEN GIPFELN
IST RUH.
IN ALLEN WIPFELN
SPÜREST DU
KAUM EINEN HAUCH.
DIE VÖGELEIN SCHWEIGEN IM WALDE.
WARTE NUR, BALDE
RUHEST DU AUCH.

JOHANN WOLFGANG VON GOETHE

Ich lebe mein Leben
in wachsenden Ringen,
die sich über die Dinge ziehn.
Ich werde den letzten
vielleicht nicht vollbringen,
aber versuchen will ich ihn.

RAINER MARIA RILKE

Träumend plant der Geist
seine eigene Wirklichkeit

SÖREN KIERKEGAARD

Im Traum und in der Liebe gibt's keine Unmöglichkeiten.

JÁNOS ARANY

Droben rudert ein Schwan milchweiß
schimmernde Bahn,
hell das Gefieder von Sternen,
zieht er durch himmlische Fernen,
rudert nach Traumland voraus, sucht der
Glückseligen Haus.

ISOLDE KURZ

PHANTASIE IST WICHTIGER ALS WISSEN.

ALBERT EINSTEIN

Mondbeglänzte Zaubernacht,
die den Sinn gefangenhält,
Wundervolle Märchenwelt,
steig auf in der alten Pracht.

LUDWIG TIECK

Menschen mit Phantasie langweilen sich nie.

JAKOB BOSSHART

Der Aberglaube ist die Poesie des Lebens;
deswegen schadet's dem Dichter nicht,
abergläubisch zu sein.

JOHANN WOLFGANG VON GOETHE

Die Landschaft macht den Eindruck abso-
luter Dauer.
Sie ist nicht feindselig. Sie ist einfach da -
unberührt,
still und vollkommen. Sie ist sehr einsam,
aber das Fehlen
jeder menschlichen Spur gibt dir das
Gefühl, du verstündest dieses Land und
könntest deinen Platz darin einnehmen.

EDMUND CARPENTER

Alles wiederholt sich nur im Leben,
ewig jung ist nur die Phantasie:
Was sich nie und nirgends hat begeben,
das allein veraltet nie.

JOHANN WOLFGANG VON GOETHE

Das Herz des Menschen
ist nie so unbeugsam wie sein Geist.

ALPHONSE DE LAMARTINE

Ein Traum, ein Traum ist unser Leben
auf Erden hier
wie Schatten auf den Wogen schweben
und schwinden wir.

JOHANN GOTTFRIED HERDER

Nichts ist mir zu klein
und ich lieb es trotzdem
und mal es auf Goldgrund und groß,
und halte es hoch,
und ich weiß nicht wem
löst es die Seele los...

RAINER MARIA RILKE

Je mehr Geist man hat,
desto mehr originelle Menschen entdeckt man.
Alltägliche Leute finden bei den Menschen
keine Unterschiede.

BLAISE PASCAL

Das Talent des Menschen
hat seine Jahreszeiten
wie Blumen und Früchte.

LA ROCHEFOUCAULD

DAS LEBEN EINES MENSCHEN IST DAS,
WAS SEINE GEDANKEN DARAUS MACHEN.

MARK AUREL

Ein Gedanke kann nicht erwachen, ohne
andere zu wecken.

MARIE VON EBNER-ESCHENBACH

Enthusiasmus
ist das schönste Wort der Erde.

CHRISTIAN MORGENSTERN

Das ist des Menschen Ruhm:
Zu wissen, daß unendlich sein Ziel ist,
und doch nie stillezustehn im Lauf.

FRIEDRICH DANIEL ERNST SCHLEIERMACHER

Ohne Begeisterung schlafen
die besten Kräfte unseres Gemütes.
Es ist ein Zunder in uns, der Funken will.

JOHANN GOTTFRIED HERDER

Machen wir es nicht im Wachen
wie im Traum?
Immer erfinden und erdichten
wir erst den Menschen,
mit dem wir verkehren.

FRIEDRICH NIETZSCHE

**Am Anfang jeder Forschung steht das Staunen.
Plötzlich fällt einem etwas auf.**

WOLFGANG WICKLER

*Im Schoß der silberhellen Schneenacht
dort schlummert alles weit und breit,
und nur ein ewig wildes Weh wacht
in einer Seele Einsamkeit.*

RAINER MARIA RILKE

DER MENSCH IST DAS EINZIGE TIER,
DAS SICH FÜR EINEN MENSCHEN HÄLT.

THOMAS NIEDERREUTHER

Meines Lebens schönster Traum
hängt an diesem Apfelbaum.

WILHELM BUSCH

Das Leben ist ein Traum.

PEDRO CALDERÒN DE LA BARCA

Nicht was wir erleben,
sondern wie wir empfinden,
was wir erleben,
macht unser Schicksal aus.

MARIE VON EBNER-ESCHENBACH

Alles wird wieder groß sein und gewaltig.
Die Lande einfach und die Wasser faltig,
die Bäume riesig
und sehr klein die Mauern;
und in den Tälern, stark und vielgestaltig,
ein Volk von Hirten und von Ackerbauern.

RAINER MARIA RILKE

Hat man sich einmal an dieses Leben
in Ideen gewöhnt, so verlieren Kummer
und Unglücksfälle ihren Stachel.
Man ist wohl wehmütig und traurig,
aber nie ungeduldig und ratlos.

WILHELM VON HUMBOLDT

Sahst du ein Glück vorübergehn,
das nie sich wiederfindet,
ist's gut, in einen Strom zu sehn,
wo alles wogt und schwindet.
Hinträumend wird Vergessenheit
des Herzens Wunde schließen;
die Seele sieht mit ihrem Leid
sich selbst vorüberfließen.

NIKOLAUS LENAU

Das Leben in den Wäldern,
ein ärmliches und grauenhaftes,
aber freies und an Abenteuern
reiches Leben, hat etwas Verführerisches,
einen geheimnisvollen Reiz für den,
der es einmal erfahren hat.

FJODOR M. DOSTOJEWSKI

Aus der Wolke
quillt der Segen,
strömt der Regen.
Aus der Wolke ohne Wahl,
zuckt der Strahl.

FRIEDRICH SCHILLER

Der Mensch soll nicht tugendhaft,
sondern natürlich sein,
so wird die Tugend von selbst kommen.

GOTTFRIED KELLER

Wieviel ich Täuschung auch erfuhr
im Leben und im Lieben,
du bist mir allezeit, Natur,
du bist mir treu geblieben.

EMANUEL GEIBEL

Die Erde ist ein Himmel,
wenn man Frieden sucht,
recht tut und wenig wünscht.

JOHANN HEINRICH PESTALOZZI

Nichts Ewiges kann das Glück uns geben,
denn flüchtiger Traum ist Menschenleben,
und selbst die Träume sind ein Traum.

PEDRO CALDERÒN DE LA BARCA

Die Frauen haben es auf dieser Erde
viel besser als die Männer.
Ihnen sind viel mehr Dinge verboten.

OSCAR WILDE

DIE MORAL IST IMMER
DIE LETZTE ZUFLUCHT
DER LEUTE, DIE DIE SCHÖNHEIT
NICHT BEGREIFEN.

OSCAR WILDE

Die Vernunft ist des Herzens
größte Feindin.

GIACOMO CASANOVA

Der Rose süßer Duft genug,
man braucht sie nicht zu brechen!
Und wer sich mit dem Duft begnügt,
den wird ihr Dorn nicht stechen.

FRIEDRICH MARTIN VON BODENSTEDT

Dazu sind eben Wünsch' und Träume dir
verliehn,
um alles, was dir fehlt, in deinen Kreis zu
ziehn.

FRIEDRICH RÜCKERT

Im Frühling oder im Traume
bin ich dir begegnet einst,
und jetzt gehn wir zusamm' durch den
Herbsttag,
und du drückst mir die Hand und weinst.
Weinst du ob der jagenden Wolken?
Ob der blutroten Blätter? Kaum.
Ich fühl es: du warst einmal glücklich
im Frühling oder im Traum…

RAINER MARIA RILKE

Man könnte den Fortschritt heute auch definieren
als die Fähigkeit des Menschen,
die Einfachheit zu komplizieren.

THOR HEYERDAHL

Das ist mein Streit:
Sehnsuchtgeweiht
durch alle Tage schweifen.
Dann, stark und breit,
mit tausend Wurzelstreifen
tief in das Leben greifen -
und durch das Leid
weit aus dem Leben reifen,
weit aus der Zeit!

RAINER MARIA RILKE

BIN ICH DER FLÜCHTLING NICHT? DER
UNBEHAUSTE?
DER UNMENSCH OHNE ZWECK UND RUH,
DER WIE EIN WASSERSTURZ VON FELS ZU
FELSEN BRAUSTE,
BEGIERIG WÜTEND, NACH DEM ABGRUND
ZU?

JOHANN WOLFGANG VON GOETHE

Die ganze Welt ist eitel Truggefüge!
Willkommen Weib, du einzig lebenswerte
Lüge!

CARL SPITTELER

Die Ros' ist ohn Warum;
sie blühet, weil sie blühet.
Sie acht't nicht ihrer selbst,
fragt nicht, ob man sie siehet.

ANGELUS SILESIUS

Ich glaube an ein jenseitiges Ich,
von dem unser diesseitiges Ich
nur ein schwaches Bild ist.

PAUL ERNST

Niemals bin ich weniger müßig
als in meinen Mußestunden
und niemals weniger einsam,
als wenn ich allein bin.

MARCUS TULLIUS CICERO

*Alles schwieg und schlief,
ich wacht alleine;
endlich wiegte mich die Stille ein,
und von meinem dunklen Erdbeerhaine
träumt ich,
und vom Gang im stillen Mondenschein.*

FRIEDRICH HÖLDERLIN

**Vernunft fängt wieder an zu sprechen
und Hoffnung wieder an zu blühn;
man sehnt sich nach des Lebens
Bächen,
ach, nach des Lebens Quelle hin.**

JOHANN WOLFGANG VON GOETHE

**Was ich weiß, kann jeder wissen.
Mein Herz habe ich allein.**

JOHANN WOLFGANG VON GOETHE

*Sei gewiß, daß nichts dein Eigentum sei,
was du nicht inwendig hast.*

MATTHIAS CLAUDIUS

WAS IST DER ERDE GLÜCK? - EIN SCHAT-
TEN!
WAS IST DER ERDE RUHM? - EIN TRAUM!

FRANZ GRILLPARZER

Als ich einmal eine Spinne erschlagen,
dacht ich, ob ich das wohl gesollt.
Hat Gott ihr doch wie mir gewollt
einen Anteil an diesen Tagen!

JOHANN WOLFGANG VON GOETHE

Zwei Seelen und ein Gedanke,
zwei Herzen und ein Schlag!

FRIEDRICH HALM

Das ist die Sehnsucht:
wohnen im Gewoge
und keine Heimat haben in der Zeit.
Und das sind die Wünsche: leise Dialoge
täglicher Stunden mit der Ewigkeit.

RAINER MARIA RILKE

Es ist schwierig,
Menschen hinters Licht zu führen,
sobald es ihnen aufgegangen ist.

ALFRED POLGAR

Wer sein eigener Meister ist und sich beherr-
schen kann,
dem ist die weite Welt
und alles untertan.

PAUL FLEMING

Ach, ich fühl es wohl, wir scheiden
kaum so schwer von wahren Freuden
als von einem schönen Traum.

FRANZ GRILLPARZER

**Die meisten Nachahmer
lockt das Unnachahmliche.**

MARIE VON EBNER-ESCHENBACH

**Jeder Mensch trägt eigentlich,
wie gut er sei,
einen noch bessern Menschen in sich,
der sein viel eigentlicheres Selbst ausmacht.**

WILHELM VON HUMBOLDT

*Wenn ich mich im Zusammenhang
des Universums betrachte, was bin ich?*

LUDWIG VAN BEETHOVEN

Unser Ich gleicht den Flüssen,
die ihren Namen beibehalten
und stets anderes Wasser rollen.

KARL JULIUS WEBER

Ich sah, daß man oft,
um zur Wahrheit zu gelangen,
mit einer Täuschung beginnen muß.
Dem Licht muß notwendigerweise
Finsternis vorangegangen sein.

GIACOMO CASANOVA

Die Seele kommt alt zur Welt,
aber sie wächst und wird jung.
Das ist die Komödie des Lebens.
Der Leib kommt jung zur Welt und wird
alt.
Das ist die Tragödie unseres Daseins.

OSCAR WILDE

Schließ mich, so streng du willst,
in tausend Eisen ein,
ich werde doch ganz frei und ungefesselt
sein.

ANGELUS SILESIUS

Geheimnisvoll am lichten Tag,
läßt sich Natur des Schleiers nicht
berauben,
und was sie deinem Geist nicht offen-
baren mag,
das zwingst du ihr nicht ab mit Hebeln
und mit Schrauben.

JOHANN WOLFGANG VON GOETHE

Intuitionen sind Träume, deren man sich erinnert.

WALTHER RATHENAU

Einst war der Frevel an Gott
der größte Frevel, aber Gott starb,
und damit starben auch diese Frevelhaften.
An der Erde zu freveln,
ist jetzt das Furchtbarste
und die Eingeweide des Unerforschlichen
höher zu achten, als den Sinn der Erde!

FRIEDRICH NIETZSCHE

ES UNTERLIEGT
AUCH IN DER TAT KEINEM ZWEIFEL,
DASS DER MENSCH
SICH DURCH GEWOHNHEIT
GEGEN DIE ZUDRINGLICHKEIT
DER DINGE DER WELT SICHERT
UND EINE EIGENE WELT GRÜNDET.

MAX STIRNER

Den Augenblick zu nützen,
bei jedem Schritt auf dem Weg
an den Abend zu denken,
die größtmögliche Zahl
glücklicher Stunden zu verleben -
das ist Weisheit.

RALPH WALDO EMERSON

Uns rührt die Erzählung jeder guten Tat,
uns rührt das Anschauen
jedes harmonischen Gegenstandes;
wir fühlen dabei,
daß wir nicht ganz in der Fremde sind.

JOHANN WOLFGANG VON GOETHE

Es gibt kein Wunder für den,
der sich nicht wundern kann.

MARIE VON EBNER-ESCHENBACH

*Ideen sind ja nur das einzig
wahrhaft Bleibende im Leben.*

WILHELM VON HUMBOLDT

**Wer dein Schweigen nicht versteht,
versteht auch deine Worte nicht.**

ELBERT HUBBARD

*Das sogenannte Romantische einer Gegend
ist ein stilles Gefühl des Erhabenen
unter der Form der Vergangenheit oder,
was gleich lautet,
der Einsamkeit, Abwesenheit,
Abgeschiedenheit.*

JOHANN WOLFGANG VON GOETHE

WIR KENNEN UNS BEI WEITEM NICHT
IN ALLEN UNSEREN WÜNSCHEN AUS.
LA ROCHEFOUCAULD

Das Ich ist nichts anderes als Wollen und
Vorstellen.
NOVALIS

Wunder kommen nur zu denen, die daran
glauben.
AUS FRANKREICH

Lebe von der Welt geschieden,
und du lebst mit ihr in Frieden.
FRIEDRICH RÜCKERT

In der Idee leben heißt,
das Unmögliche behandeln, als wenn es
möglich wäre.
JOHANN WOLFGANG VON GOETHE

Der Held ist heiter.
Das entging bisher den Tragödiendichtern.
FRIEDRICH NIETZSCHE

Etwas wünschen und verlangen,
etwas hoffen muß das Herz,
etwas zu verlieren bangen,
und um etwas fühlen Schmerz.
FRIEDRICH RÜCKERT

Die Phantasie tröstet die Menschen
über das hinweg,
was sie nicht sein können,
und der Humor über das,
was sie tatsächlich sind.
ALBERT CAMUS

Was verworren war, wird helle,
was geheim, ist's fürder nicht;
die Erleuchtung wird zur Wärme,
und die Wärme, sie ist Licht.
FRANZ GRILLPARZER

In phantasiereichen Menschen liegen,
wie in heißen Ländern oder auf Bergen,
alle Extreme enger aneinander.
JEAN PAUL

GEHEIMNISSE SIND NOCH KEINE WUNDER.
JOHANN WOLFGANG VON GOETHE

Kehr in dich still zurück,
ruh in dir selber aus,
so fühlst du höchstes Glück.

FRIEDRICH RÜCKERT

Das Leben lehrt jeden, was er sei.

JOHANN WOLFGANG VON GOETHE

Das Auge ist der Punkt,
in welchem Seele und Körper sich
vermischen.

FRIEDRICH HEBBEL

Phantasie ist unser guter Genius oder
unser Dämon.

IMMANUEL KANT

*Ein jedes Band, das noch so leise
die Geister aneinanderreiht,
wirkt fort auf seine stille Weise
durch unberechenbare Zeit.*

AUGUST VON PLATEN

*Wer nicht auf seine Weise denkt,
denkt überhaupt nicht.*

OSCAR WILDE

Nur der Mensch ist frei,
der sich seine eigenen Gedanken
im Kopfe ausbildet,
niemand etwas nachspricht,
was er nicht versteht und selber einsieht;
der die Gesetze kennt,
die Gott in seine Brust geschrieben hat,
und ohne Menschenfurcht ihnen gerecht
zu werden strebt.

BERTHOLD AUERBACH

Grau, teurer Freund, ist alle Theorie,
und grün des Lebens goldner Baum.

JOHANN WOLFGANG VON GOETHE

Ein Wahn, der mich beglückt,
ist eine Wahrheit wert,
die mich zu Boden drückt.

CHRISTOPH MARTIN WIELAND

Wer seine Träume verwirklichen will,
muß aus ihnen erwachen.

ANDRÉ SIEGFRIED

Die individuelle Freiheit ist kein Kulturgut.
Sie war am größten vor jeder Kultur.
SIGMUND FREUD

DEM MUTIGEN GEHÖRT DIE WELT.
SPRICHWORT

Wie die Gedanken, so sind die Träume.
MARTIN ANDERSEN-NEX

Wenn man seine Ruhe nicht in sich findet,
ist es zwecklos, sie andernorts zu suchen.
LA ROCHEFOUCAULD

Wir entdecken immer wieder etwas Neues
über uns selbst. Fast jedes Jahr taucht
wieder etwas Neues auf, das uns bisher
unbekannt war. Jedesmal meinen wir,
jetzt seien wir am Ende
unserer Entdeckungen angelangt.
Das sind wir aber nie.
C.G. JUNG

Nur durch Mut kann man sein Leben in
Ordnung bringen.
VAUVENARGUES

◆

Die Sinne trügen nicht, das Urteil trügt.
JOHANN WOLFGANG VON GOETHE

Wir lernen die Menschen nicht kennen,
wenn sie zu uns kommen; wir müssen zu
ihnen gehen, um zu erfahren,
wie es mit ihnen steht.
JOHANN WOLFGANG VON GOETHE

Wir kommen zu einer
psychologischen Entwicklung nur
dadurch,
daß wir uns selbst so annehmen,
wie wir sind, und das Leben,
das uns anvertraut ist,
ernsthaft zu leben versuchen.
Unsere Sünden, Irrtümer
und Fehler sind für uns notwendig,
da wir sonst der
wertvollsten Entwicklungsreize
beraubt würden.
C.G. JUNG

Laßt uns besser werden!
Gleich wird's besser sein.
FRANZ OVERBECK

Wer ist so fest, den nichts verführen kann?
WILLIAM SHAKESPEARE

DIE KLUGHEIT GIBT NUR RAT,
DIE TAT ENTSCHEIDET.
FRANZ GRILLPARZER

Der Mensch ist ein Blinder, der vom Sehen
träumt.
FRIEDRICH HEBBEL

Der Wille lockt die Taten nicht herbei.
JOHANN WOLFGANG VON GOETHE

Was ist nicht sündigen? Du darfst nicht
lange fragen:
Geh hin, es werden's dir die stummen
Blumen sagen.
ANGELUS SILESIUS

Wer an die Freiheit des menschlichen Wil-
lens glaubt,
hat nie geliebt und nie gehaßt.
MARIE VON EBNER-ESCHENBACH

Du sehnst dich, weit hinaus zu wandern,
bereitest dich zu raschem Flug?
Dir selbst sei treu und treu den andern,
dann ist die Enge weit genug!
JOHANN WOLFGANG VON GOETHE

Niemand weiß,
wie weit seine Kräfte gehen,
bis er sie versucht hat.
JOHANN WOLFGANG VON GOETHE

In Wahrheit heißt, etwas wollen,
ein Experiment machen,
um zu erfahren, was wir können.
FRIEDRICH NIETZSCHE

ALLES, WAS DIE MENSCHEN
IN BEWEGUNG SETZT,
MUSS DURCH IHREN KOPF HINDURCH;
ABER WELCHE GESTALT ES IN DIESEM
KOPF ANNIMMT,
HÄNGT SEHR VON DEN UMSTÄNDEN AB.
FRIEDRICH ENGELS

Suche erkannte Wahrheiten zu verwirklichen.
Nicht als Forderung an andere,
sondern als Forderung an dich selbst.

HERMANN HESSE

Es gibt nur zwei oder drei Menschenge-
schichten, aber die wiederholen sich
immer wieder, so heftig, als wären sie nie
zuvor geschehen.

WILLA CATHER

*Geht es doch unsern Vorsätzen wie unsern
Wünschen:
Sie sehen sich gar nicht mehr ähnlich,
wenn sie ausgeführt,
wenn sie erfüllt sind.*

JOHANN WOLFGANG VON GOETHE

*Drei Schritte tue nach innen! - Dann den
nach außen.*

RUDOLF STEINER

**Wer in der wirklichen Welt arbeiten kann
und in der idealen leben,
der hat das Höchste erreicht.**

LUDWIG BÖRNE

Der Tod zeigt dem Menschen, was er ist.

FRIEDRICH HEBBEL

ZWISCHEN ZWEI WELTEN SCHWEBST DU,
MENSCHENKIND,
WIE ZWISCHEN TAG UND NACHT DER
DÄMMRUNG SAUM.
DU WEISST NICHT, WAS WIR WERDEN,
WAS WIR SIND.

LORD BYRON

Nur wer das Ziel kennt, kann treffen.

SPRICHWORT

Wir entdecken in uns selbst,
was die anderen uns verbergen,
und erkennen in anderen,
was wir vor uns selber verbergen.

VAUVENARGUES

Nichts lieben, das ist die Hölle.
GEORGES BERNANOS

ES IST MEHR VERNUNFT IN DEINEM LEIBE
ALS IN DEINER BESTEN WEISHEIT.
FRIEDRICH NIETZSCHE

Man kann einen Baum nicht nach der
Güte seiner Blätter einschätzen,
sondern nur nach der Güte seiner Früchte.
GIORDANO BRUNO

Wer nach den Sternen reisen will,
der sehe sich nach Gesellschaft um!
FRIEDRICH HEBBEL

Ich habe die Tage
der Freiheit gekannt,
ich hab sie die Tage der Leiden genannt.
JOHANN WOLFGANG VON GOETHE

Mehrheiten zementieren das Bestehende.
Fortschritt ist nur über
Minderheiten möglich.
BERTRAND RUSSELL

Wir sollten das Leben verlassen
wie ein Bankett:
weder durstig noch betrunken.

ARISTOTELES

Den Fortschritt verdanken wir Menschen,
die entweder gefragt haben: warum,
oder warum nicht?

ROBERT LEMBKE

Es gehört oft mehr Mut dazu,
seine Meinung zu ändern,
als ihr treu zu bleiben.

FRIEDRICH HEBBEL

Auch ist nicht zu leugnen,
daß die Empfindung
der meisten Menschen
richtiger ist als ihr Räsonnement.
Erst mit der Reflexion
fängt der Irrtum an.

FRIEDRICH SCHILLER

Der Zufall ist die in Schleier gehüllte
Notwendigkeit.

MARIE VON EBNER-ESCHENBACH

Man kann ebensogut träumen,
ohne zu schlafen,
als man schlafen kann, ohne zu träumen.
SPRICHWORT

Vielleicht sind die "Spinner" von gestern
die Realisten von morgen.
HANS JAKOB

Konzentriere dich in deinem kurzen
Leben
auf wesentliche Dinge
und lebe mit dir und der Welt in
Frieden.
LUCIUS ANNAEUS SENECA

Ich will leben, um meine ganze Lebenskraft
sich auswirken zu lassen, nicht nur
um meinen Verstandeskräften,
das heißt kaum einem Zwanzigstel
meiner ganzen Lebensfähigkeit, Genüge zu tun.
FJODOR M. DOSTOJEWSKI

Wenn auch ein Tag uns klar vernünftig lacht,
in Traumgespinst verwickelt uns die Nacht.
JOHANN WOLFGANG VON GOETHE

FREIHEIT BEDEUTET VERANTWORTLICH-
KEIT.
DAS IST DER GRUND,
WESHALB DIE MEISTEN MENSCHEN SICH
VOR IHR FÜRCHTEN.
GEORGE BERNARD SHAW

Viele, die ihrer Zeit vorausgeeilt waren,
mußten auf sie in sehr unbequemen Unter-
künften warten.
STANISLAW JERZY LEC

Das Schwein träumt von Eicheln.
ITALIENISCHES SPRICHWORT

Halte dich nur im Stillen rein
und laß es um dich wettern!
Je mehr du fühlst, ein Mensch zu sein,
desto ähnlicher bist du den Göttern.
JOHANN WOLFGANG VON GOETHE

Mancher träumt so lange vom Glück,
bis er es schließlich verschläft.
SPRICHWORT

Nicht weinen, nicht zürnen,
sondern begreifen!

SPINOZA

"Freund in der Not" will nicht viel heißen;
hilfreich möchte sich mancher erweisen.
Aber die neidlos dein Glück dir gönnen,
die darfst du wahrlich Freunde nennen.

PAUL HEYSE

Ewig muß die liebste Liebe darben,
was wir lieben ist ein Schatten nur,
da der Jugend goldne Träume starben,
starb für mich die freundliche Natur;
das erfuhrst du nicht in frohen Tagen,
daß so ferne dir die Heimat liegt,
armes Herz, du wirst sie nie erfragen,
wenn dir nicht ein Traum
von ihr genügt.

FRIEDRICH HÖLDERLIN

Der unwiderstehlichste Mensch auf Erden
ist der Träumer,
dessen Träume wahr geworden sind.

TANIA BLIXEN

Man muß sich täglich Rechenschaft ablegen.

LUCIUS ANNAEUS SENECA

Es ist zu bezweifeln,
ob alle bisherigen technischen Erfindungen
die Tageslast auch nur eines einzigen
menschlichen Wesens erleichtert haben.

JOHN STUART MILL

Sieh nach den Sternen,
hab acht auf die Gassen.

WILHELM RAABE

Weil aber die Träume
alle verschieden sind,
und weil der gleiche Traum immer wieder
ein anderes Gesicht hat,
so beeinflußt uns das,
was wir im Traume sehen,
viel weniger als das,
was wir im Wachen sehen.

BLAISE PASCAL

Ein jeder achte wohl darauf,
welche Träume er im heimlichen Winkel
seiner Seele hegt; denn wenn sie erst
groß gewachsen sind,
werden sie leicht seine Herren,
strenge Herren!

GUSTAV FREYTAG

Es ist immer bezeichnend, was einer
bewundert:
das, was er kann, oder das, was er nicht
kann.

HEINRICH WOLFGANG SEIDEL

Es liegt in der menschlichen Natur,
vernünftig zu denken und unvernünftig
zu handeln.

ANATOLE FRANCE

Gewissensbisse erziehen zum Beißen.

FRIEDRICH NIETZSCHE

Der Traum ist also eine Psychose,
mit allen Ungereimtheiten, Wahnbildungen,
Sinnestäuschungen einer solchen.

SIGMUND FREUD

**WIRKE! NUR IN SEINEN WERKEN
KANN DER MENSCH
SICH SELBST BEMERKEN.**
FRIEDRICH RÜCKERT

Es ist der Sinn der Ideale,
daß sie nicht verwirklicht werden können.
THEODOR FONTANE

**Es gibt nicht allzuviel ehrbare Frauen,
die ihrer Ehrbarkeit nicht müde wären.**
LA ROCHEFOUCAULD

**Niemand kann auf einen Baum steigen,
der keine Äste hat.**
SAMISCHE WEISHEIT

In Wind und Wetter,
nicht bei Tanz und Reigen,
kann sich der Mann
in wahrem Lichte zeigen.
SAMUEL SMILES

*Der Wunsch, klug zu erscheinen,
verhindert oft, es zu werden.*
LA ROCHEFOUCAULD

**Halte dich sauber und hell!
Du bist das Fenster,
durch das du die Welt sehen mußt.**
GEORGE BERNARD SHAW

**Liefert das Leben von
unsern idealen Hoffnungen
und Vorsätzen etwas anderes
als eine prosaische, unmetrische,
ungereimte Übersetzung?**
JEAN PAUL

*Dummheit nützt häufiger,
als sie schadet.
Darum pflegen sich die Allerschlauesten
dumm zu stellen.*
SIGMUND GRAFF

Es gibt Gezeiten auch für unser Tun.
Nimmt man die Flut wahr,
führet sie zum Glück,
versäumt man sie,
so muß die ganze Reise
des Lebens sich durch
Not und Klippen winden.
WILLIAM SHAKESPEARE

Manche Seelen entfallen
dem Himmel wie Blüten;
aber mit den weißen Knospen
werden sie in den Erdenschmutz
getreten und liegen oft besudelt
und zerdrückt in den Fußstapfen eines Hufs.

JEAN PAUL

Es gibt keine Seele,
die nicht ihr Wattenmeer hätte,
in dem zu Zeiten der Ebbe
jedermann spazierengehen kann.

CHRISTIAN MORGENSTERN

Man schließt die Augen
der Toten behutsam;
nicht minder behutsam muß man die
Augen der Lebenden öffnen.

JEAN COCTEAU

*Wer irrgegangen ist,
der kann andern
desto besser den Weg zeigen.*

CHRISTOPH LEHMANN

*Die Grenzen der Seele
wirst du nicht finden,
auch wenn du alle Wege durchwanderst.*

HERAKLIT

**Auch der Mutigste von uns
hat nur selten den Mut zu dem,
was er eigentlich weiß.**

FRIEDRICH NIETZSCHE

**Früher, da ich unerfahren
und bescheidner war als heute,
hatten meine höchste Achtung
andre Leute.
Später traf ich auf der Weide
außer mir noch mehrere Kälber,
und nun schätz ich sozusagen
erst mich selber.**

WILHELM BUSCH

*Wir sind in diese Welt gekommen,
nicht nur, daß wir sie kennen,
sondern daß wir sie bejahen.*

RABINDRANATH TAGORE

Es kommt für jeden der Augenblick
der Wahl und der Entscheidung: Ob
er sein eigenes Leben führen will,
ein höchst persönliches Leben
in tiefster Fülle,
oder ob er sich zu jenem
falschen, seichten,
erniedrigenden Dasein
entschließen soll,
das die Heuchelei
der Welt von ihm begehrt.

OSCAR WILDE

Über der Pforte der antiken Welt
stand geschrieben:"Erkenne dich selbst".
Über der Pforte unserer neuen Welt
sollte geschrieben stehen:
"Sei du selbst".

OSCAR WILDE

Verwandt sind sich alle starken Seelen.

FRIEDRICH SCHILLER

Die Bildung kommt nicht vom Lesen,
sondern vom Nachdenken über das
Gelesene.

CARL HILTY

Ich blick in die Ferne,
ich seh in der Näh,
den Mond und die Sterne,
den Wald und das Reh.
So seh ich in allen
die ewige Zier,
und wie mir's gefallen,
gefall ich auch mir.

JOHANN WOLFGANG VON GOETHE

Zwischen Welt und Einsamkeit
ist das rechte Leben.
Nicht zu nah und nicht zu weit
will ich mich begeben.

FRIEDRICH RÜCKERT

Selten tritt dem Weisen das Schicksal in den Weg.

LUCIUS ANNAEUS SENECA

Man gibt Ratschläge, aber die Ausführung bringt man keinem bei.

LA ROCHEFOUCAULD

Der wahre Beruf des Menschen ist,
zu sich selbst zu kommen.

FRIEDRICH NIETZSCHE

UNSER BESTES SIND
NICHT UNSERE WERKE.
DAS LIEGT OFT IN EINEM BLICK VON UNS,
IN EINEM GEDANKEN, UM DESSENTWILLEN
WIR UNS SELBER LIEBEN MÖCHTEN
UND UM DEN DOCH NIEMAND JE WEISS.
CHRISTIAN MORGENSTERN

Wer sich an andre hält,
dem wankt die Welt.
Wer auf sich selber ruht,
steht gut.
PAUL HEYSE

Wer in sich Ehre hat,
der sucht sie nicht von außen.
Suchst du sie in der Welt,
so hast du sie noch draußen.
ANGELUS SILESIUS

Wer nie in Banden war, weiß nichts von
Freiheit.
JAKOB BOSSHART

Lausche auf den Ton des Wassers,
und du wirst eine Forelle fangen.
AUS IRLAND

Wenn es einen Glauben gibt,
der Berge versetzen kann,
so ist es der Glaube an die eigene Kraft.
MARIE VON EBNER-ESCHENBACH

Wir haben verlernt,
die Augen auf etwas ruhen zu lassen.
Deshalb erkennen wir so wenig.
JEAN GIONO

Fragst du nach der Kunst zu leben?
Lern mit Narr und Sünder leben!
Mit dem Weisen und dem Guten
wird es sich von selber geben.
WILHELM MÜLLER

Jedes Schreckbild verschwindet,
wenn man es fest ins Auge faßt.
JOHANN GOTTLIEB FICHTE

Bildung ist die Fähigkeit,
Wesentliches vom Unwesentlichen
zu unterscheiden
und jenes ernst zu nehmen.
PAUL DE LAGARDE

Die glücklichen Sklaven sind die erbittertsten Feinde der Freiheit.

MARIE VON EBNER-ESCHENBACH

Freiheit ist ein Gut, daß durch Gebrauch wächst,
durch Nichtgebrauch dahinschwindet.

CARL FRIEDRICH VON WEIZSÄCKER

Es hat noch niemand
etwas Ordentliches geleistet,
der nicht etwas Außerordentliches leisten
wollte.

MARIE VON EBNER-ESCHENBACH

Der gerade Weg ist der kürzeste,
aber es dauert meist am längsten,
bis man auf ihm zum Ziele gelangt.

GEORG CHRISTOPH LICHTENBERG

Wer zuviel zweifelt, der verzweifelt.

CHRISTOPH LEHMANN

*Der Maulwurf hört in seinem Loch
ein Lerchenlied erklingen
und spricht: Wie sinnlos ist es doch,
zu fliegen und zu singen!*

EMANUEL GEIBEL

*Wir sind nicht nur verantwortlich für das,
was wir tun, sondern auch für das,
was wir nicht tun.*

MOLIÈRE

**Mir ist die gefährliche Freiheit lieber
als eine ruhige Knechtschaft.**

JEAN-JACQUES ROUSSEAU

**Gebildet ist, wer Parallelen sieht,
wo andere etwas völlig Neues
zu erblicken glauben.**

SIGMUND GRAFF

*Prahl nicht heute: Morgen will
dieses oder das ich tun!
Schweige doch bis morgen still,
sage dann: Dies tat ich nun!*

FRIEDRICH RÜCKERT

KEIN FESTERES BAND DER FREUNDSCHAFT
ALS GEMEINSAME PLÄNE UND GLEICHE
WÜNSCHE.
MARCUS TULLIUS CICERO

Träume sind nicht Taten.
Ohne Arbeit wird dir nichts getan.
ERNST MORITZ ARNDT

Die Idee ist das Absolute,
und alles Wirkliche
ist nur die Realisierung der Idee.
GEORG WILHELM FRIEDRICH HEGEL

In einer irrsinnigen Welt
vernünftig sein zu wollen,
ist schon wieder ein Irrsinn für sich.
VOLTAIRE

Biene und Wespe saugen
an den gleichen Blüten,
finden aber nicht den gleichen Honig.
JOSEPH JOUBERT

Pläne sind die Träume der Verständigen.
ERNST VON FEUCHTERSLEBEN

Aufmerksamkeit, mein Sohn, ist,
was ich dir empfehle;
bei dem, wobei du bist,
zu sein mit ganzer Seele.

FRIEDRICH RÜCKERT

Wer seine Träume verwirklichen will,
muß aus Ihnen erwachen.

ANDRÉ SIEGFRIED

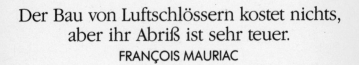

Der Bau von Luftschlössern kostet nichts,
aber ihr Abriß ist sehr teuer.

FRANÇOIS MAURIAC

Wecke nicht den Schlafenden von seinem Traume!
Weißt du, ob im zweiten Raume
du so Schönes zum Ersatz ihm könntest zeigen,
als ihm nun sein Traum gibt eigen?

FRIEDRICH RÜCKERT

Die lächerlichsten aller Träume
sind die Träumereien der Weltverbesserer.

MOLIÈRE

AUCH DU OHNE KLAGE
GEDENKE DER TAGE,
DIE FROH WIR VERLEBT.
WER GUTES EMPFANGEN,
DER DARF NICHT VERLANGEN,
DASS NUN SICH DER TRAUM
INS UNENDLICHE WEBT.

DAVID FRIEDRICH STRAUSS

Der Aufschub ist der Dieb der Zeit.

EDWARD YOUNG

Wollen befreit.

FRIEDRICH NIETZSCHE

Es ist immer leichter, unterwegs zu sein,
als haltzumachen.
Solange man auf dem Weg
zu einem verheißenen Land ist,
träumt man noch; haltmachen heißt,
der Wirklichkeit ins Auge sehen.

LOUIS L'AMOUR

Wir sind die Sklaven von dem,
was uns nicht glücklich macht.

HANS ARNDT

*Kraft wird aus dem Zwang geboren und
stirbt an der Freiheit.*

LEONARDO DA VINCI

*Fast möcht' ich glauben:
Das, was ich nicht mit eignen Augen sah,
steh' desto schöner vor dem inneren Sinn.*

HENRIK IBSEN

**Was ist Reue?
Eine große Trauer darüber, daß wir sind,
wie wir sind.**

MARIE VON EBNER-ESCHENBACH

Überlege einmal, bevor du gibst, zweimal, bevor du annimmst und tausendmal, bevor du verlangst und forderst.

MARIE VON EBNER-ESCHENBACH

Die Utopien sind oft nur vorzeitige Wahrheiten.

ALPHONSE DE LAMARTINE

ERLOSCHEN SIND DIE HEITERN SONNEN,
DIE MEINER JUGEND PFAD ERHELLT;
DIE IDEALE SIND ZERRONNEN,
DIE EINST DAS TRUNKNE HERZ
GESCHWELLT.

FRIEDRICH SCHILLER

Am Schluß ist das Leben
nur eine Summe aus wenigen Stunden,
auf die man zulebte. Sie sind; alles andere
ist nur ein langes Warten gewesen.

ERHART KÄSTNER

Seine Pflichten nie versäumen
ist mehr, als große Dinge träumen.

SPRICHWORT

Der Mensch bringt sogar die Wüsten zum Blühen.
Die einzige Wüste, die ihm noch Widerstand bietet,
befindet sich in seinem Kopf.

EPHRAIM KISHON

Ideen leben, sterben
und kämpfen ganz wie die Menschen.

ANDRÄ GIDE

Ich schlief und träumte, das Leben sei Freude.
Ich erwachte und sah, das Leben war Pflicht.
Ich handelte, und siehe, die Pflicht ist Freude!

RABINDRANATH TAGORE

Habe Mut, dich deines eigenen Verstandes zu bedienen!

IMMANUEL KANT

Wer in Zelten leben kann, steht sich am besten.

JOHANN WOLFGANG VON GOETHE

**WIE HOCH DU AUCH FLIEGST,
IMMER WIRST DU ZUR ERDE FALLEN.**
VON DEN PHILIPPINEN

Träume sind Schäume.
SPRICHWORT

**Die Welt ist wie ein Meer:
Ein jeder geht und fischt,
nur daß den Walfisch der,
den Stockfisch der erwischt.**
FRIEDRICH VON LOGAU

Träume bedeuten nichts.
FRIEDRICH SCHILLER

Wenn man einen Riesen sieht,
so untersuche man erst
den Stand der Sonne
und gebe acht, ob es nicht der Schatten
eines Pygmäen ist.
NOVALIS

*Goldene Träume lassen hungrig
aufwachen.*
AUS GROSSBRITANNIEN

Wer auf Träume hält,
der greift nach dem Schatten
und will den Wind erhaschen.

SPRICHWORT

Das Leben ist ein kurzer Traum.

RICARDA HUCH

Wer an seine Träume glaubt, verschläft sein Leben.

AUS CHINA

Das Träumen und Philosophieren
hat seine Schattenseiten.
Wer das zweite Gesicht hat,
dem fehlt mitunter das erste.

JULIUS LANGBEHN

AN DIE DUMME STIRNE GEHÖRT ALS
ARGUMENT
VON RECHTS WEGEN DIE GEBALLTE
FAUST.

FRIEDRICH NIETZSCHE

Du mußt jeden Tag auch deinen Feldzug
gegen dich selber führen.

FRIEDRICH NIETZSCHE

Nur die allergescheitesten Leute
benützen ihren Scharfsinn zur
Beurteilung nicht bloß anderer,
sondern auch ihrer selbst.

MARIE VON EBNER-ESCHENBACH

Ich kenne wenige Weltverbesserer,
die imstande sind, einen Nagel
richtig einzuschlagen.

HENRIK IBSEN

Jeder sehnt sich nun einmal nach dem,
was nicht für ihn bestimmt ist.

PAUL ERNST

Jeder Mensch hat ein Brett vor dem Kopf.
Es kommt nur auf die Entfernung an.

MARIE VON EBNER-ESCHENBACH

Sie hatte keinerlei Geschichte,
ereignislos ging Jahr um Jahr -
auf einmal kam's mit lauter Lichte...
die Liebe oder was das war.
Dann plötzlich sah sie's bang zerrinnen,
da liegt ein Teich vor ihrem Haus...
So wie ein Traum scheint's zu beginnen,
und wie ein Schicksal geht es aus.

RAINER MARIA RILKE

**Männer widerstehen oft
den schlagendsten Argumenten,
und dann erliegen sie einem Augenaufschlag.**

HONORÉ DE BALZAC

*So geht durch wesenlose Träume
gar oft die Freundschaft aus dem Leime.*

WILHELM BUSCH

TAUSCH NICHT
DAS LEBEN GEGEN TRAUM.
BESELIGEN KANN NUR DIE WIRKLICHKEIT,
DIE PHANTASIE ZERSTIEBET
SO WIE SCHAUM.

JÁNOS GARAY

Gemalte Blumen duften nicht.

SPRICHWORT

Nur wer gesunden Menschenverstand hat,
wird verrückt.

STANISLAW JERZY LEC

Erkennen ist eine Leidenschaft.
Man entgeht ihr nicht.

MARGUERITE DURAS

An einem Verrückten erschrickt
uns am meisten die vernünftige Art,
auf die er sich unterhält.

ANATOLE FRANCE

*Das angenehmste Leben führen die,
die nichts denken.*

SOPHOKLES

*In der Kirche singen immer die
am lautesten, die falsch singen.*

FRANZ GRILLPARZER

**Allein sein müssen ist das Schwerste,
allein sein können das Schönste.**

HANS KRAILSHEIMER

**Die Ruhe der Seele ist ein herrliches Ding
und die Freude an sich selbst; ...
wenn nur das Kleinod nicht eben so zerbrechlich
wäre,
als es schön und kostbar ist!**

JOHANN WOLFGANG VON GOETHE

*Ein Zwerg sieht weiter als ein Riese,
wenn er auf den Schultern eines Riesen steht.*

SAMUEL TAYLOR COLERIDGE

DER ADLER FLIEGT ALLEIN,
DER RABE SCHARENWEISE;
GESELLSCHAFT BRAUCHT DER TOR,
UND EINSAMKEIT DER WEISE.

FRIEDRICH RÜCKERT

Wer den Himmel im Wasser sieht,
sieht die Fische auf den Bäumen.

AUS CHINA

Auch in der Ferne zeigt sich alles reiner,
was in der Gegenwart uns nur verwirrt!
Vielleicht wirst du erkennen, welche Liebe
dich überall umgab, und welchen Wert
die Treue wahrer Freunde hat, und wie
die weite Welt die Nächsten nicht ersetzen
kann.

JOHANN WOLFGANG VON GOETHE

Wer nicht gewacht hat, kann nicht
schlafen.
Wer nicht gelebt hat, kann nicht sterben.

FRIEDRICH RÜCKERT

*Was ist am Ende der Mensch anderes als
eine Frage?*

RAHEL VARNHAGEN VAN ENSE

*Ich ärgerte mich
über den Menschenlärm unter mir
und konnte nicht eher schlafen,
als bis ich wußte, es waren Pferde.*

JEAN PAUL

**Mit zunehmender Erkenntnis
werden die Tiere den Menschen immer
näher sein.
Wenn sie dann wieder so nahe sind
wie in den ältesten Mythen, wird es
kaum mehr Tiere geben.**

ELIAS CANETTI

**Die Menschen waren ins Paradies gesetzt,
doch sie verlangten nach Freiheit
und stahlen das Feuer vom Himmel,
obwohl sie wußten, daß sie unglücklich würden.**

FJODOR M. DOSTOJEWSKI

*Der Grund, weshalb wir uns
über die Welt täuschen, liegt sehr oft darin,
daß wir über uns selbst täuschen.*

JOHANN JAKOB MOHR

**WER DEN TOD FÜRCHTET,
HAT DAS LEBEN VERLOREN.**
JOHANN GOTTFRIED SEUME

Die Welt ist ein Gefängnis,
in dem Einzelhaft vorzuziehen ist.
KARL KRAUS

Dein Vergangenes ist ein Traum
und dein Künftiges ist ein Wind.
Hasche den Augenblick, der ist
zwischen den beiden, die nicht sind.
FRIEDRICH RÜCKERT

Man kann nicht beides haben:den Rahm
und die Butter.
AUS NORWEGEN

Nicht der Geist,
das Herz macht frei.
LUDWIG BÖRNE

Wer Phantasie ohne Erziehung besitzt,
hat wohl Flügel, aber keine Füße.

JOSEPH JOUBERT

Du kannst von dem,
das du nicht fühlst, nicht reden.

WILLIAM SHAKESPEARE

Wir sind einander nah durch die Natur,
aber sehr entfernt durch die Bildung.

KONFUZIUS

Das Beste, was die Welt bietet,
ist die Sehnsucht nach einer anderen.

MARTIN KESSEL

Macht ist Pflicht,
Freiheit ist Verantwortlichkeit.

MARIE VON EBNER-ESCHENBACH

Wähntest du etwa,
ich sollte das Leben hassen,
in Wüsten fliehen,weil nicht alle
Blütenträume reiften?

JOHANN WOLFGANG VON GOETHE

Der Irrsinn ist bei Einzelnen etwas Seltenes,
aber bei Gruppen, Parteien, Völkern, Zeiten
die Regel.

FRIEDRICH NIETZSCHE

Wirf das Mißvergnügen über dein Wesen
ab!
Verzeihe dir dein eigenes Ich!

FRIEDRICH NIETZSCHE

Lebensklugheit bedeutet,
alle Dinge möglichst wichtig,
aber keines völlig ernst zu nehmen.

ARTHUR SCHNITZLER

*Nur für die Erbärmlichen ist die Welt
erbärmlich,
nur für den Leeren leer.*

LUDWIG FEUERBACH

Zu unserer Natur gehört die Bewegung.
Die vollkommene Ruhe ist der Tod.

BLAISE PASCAL

Im Lenze der Jugend,
da träumt das Gemüt
und schwärmet von Freundschaft,
die nimmer verblüht;
Ich schwärmte!
Wer schwärmt nicht? - Nun geb ich es zu,
die Freunde, o Wein,
nicht so treu sind wie du.

LORD BYRON

Abend ward's und wurde Morgen,
nimmer, nimmer stand ich still;
aber immer blieb's verborgen,
was ich suche, was ich will.

FRIEDRICH SCHILLER

Wer steilen Berg erklimmt,
hebt an mit ruhigem Schritt.

WILLIAM SHAKESPEARE

Es kann die Ehre dieser Welt
dir keine Ehre geben. Was dich in Wahrheit
hebt und hält,
muß in dir selber leben.

THEODOR FONTANE

◆

DIE MEISTEN MENSCHEN SIND UNFÄHIG,
IN EINER WELT ZU LEBEN,
WO DER AUSGEFALLENSTE GEDANKE
IN SEKUNDENSCHNELLE WIRKLICHKEIT
WERDEN KANN.
ALBERT CAMUS

Nur solchen Menschen,
die nichts hervorzubringen wissen,
denen ist nichts da.
JOHANN WOLFGANG VON GOETHE

Die Ruinen des einen braucht
die allzeit wirksame Natur
zu dem Leben des anderen.
GOTTHOLD EPHRAIM LESSING

Man soll allen wohl trauen
und am meisten sich selber.
AUS NORWEGEN

*Die Hoffnung aufgeben bedeutet,
nach der Gegenwart auch die Zukunft preisgeben.*
PEARL S. BUCK

Wo war, wo ist, wo wird sie sein,
die Stunde, wahrem Glück erlesen?
Sie ist nicht und sie wird nicht sein,
denn sie ist immer nur gewesen!
Daß wir glücklich waren, wissen
wir erst, wenn wir es nimmer sind.

ANASTASIUS GRÜN

Welche Chimäre ist doch der Mensch!
Welch Unerhörtes, welch Ungeheuer,
welch Chaos, welch widersprüchliches Wesen,
welch Wunder!

BLAISE PASCAL

Den Phantasievollen
quälen die Möglichkeiten.

HANS ARNDT

IM DUNKELN LEUCHTET
AUCH EIN FAULER PILZ.

AUS RUSSLAND

Frauen inspirieren uns zu großen Dingen
und hindern uns dann daran,
sie auszuführen.

ALEXANDRE DUMAS DER JÜNGERE

Es gibt eine Grenze
für das Aussprechen der Gefühle,
die man nicht überschreiten soll.

LEW N. TOLSTOI

Das Publikum beklatscht ein Feuerwerk,
aber keinen Sonnenaufgang.

FRIEDRICH HEBBEL

Warum sollte es nicht Stufen
von Geistern bis zu Gott hinauf geben
und unsere Welt das Werk
von einem sein können,
der die Sache noch nicht recht verstand?

GEORG CHRISTOPH LICHTENBERG

*Ein Mühlstein und ein Menschenherz
wird stets umhergetrieben.
Wo beides nichts zu reiben hat,
wird beides selbst zerrieben.*

FRIEDRICH VON LOGAU

*Einen Wahn verlieren, macht weiser,
als eine Wahrheit finden.*

LUDWIG BÖRNE

**Dem Vogel ist ein einfacher Zweig lieber
als ein goldener Käfig.**

AUS RUSSLAND

**Welch triste Epoche,
in der es leichter ist,
ein Atom zu zertrümmern als ein Vorurteil!**

ALBERT EINSTEIN

*Der Sturm sprach einst:
Ich kenne die Welt, denn ich zerpflücke sie;
da sprach der Reif:Ich kenne sie näher,
ich erdrücke sie;
die Sonne lacht:
Ich kenne sie besser, ich beglücke sie.*

CARMEN SYLVA

WÄRE ES ÜBERHAUPT MÖGLICH,
EINE ERFAHRUNG ZU MACHEN,
OHNE EINE ILLUSION GEHABT ZU HABEN?

MARTIN KESSEL

Alles ist gut,
wenn es aus den Händen
des Schöpfers hervorgeht;
alles entartet unter den Händen
des Menschen.

JEAN-JACQUES ROUSSEAU

Mein Bruder bat die Vögel um Verzeihung.
Das scheint sinnlos,
und doch hatte er recht;
denn alles ist wie ein Ozean, alles fließt
und grenzt aneinander.
Rührst du an ein Ende der Welt,
so zuckt es am anderen.

FJODOR M. DOSTOJEWSKI

Die fortwährende Art der Vorstellungskraft,
dachte ich, das zusammenzubringen,
was wirklich ist,
mit dem, was man träumt, ist ein Ausdruck
der menschlichen Evolution.
Das bewußte Verlangen ist es,
einen Zustand zu erreichen, der,
wenn auch nur kurzfristig,
unbegrenzt ist wie Licht,
bildend, überströmend
von Weisheit und Schöpfung,
eine Verfassung, in der man
gerade jene Dunkelheit
in sich aufgenommen hat, die zuvor das
immerwährende Zeichen
der Niederlage war.

BARRY LOPEZ

Sterben - schlafen -
Schlafen! Vielleicht auch träumen!
- Ja, da liegt's:
Was in dem Schlaf
für Träume kommen mögen,
wenn wir den Drang des Ird'schen abgeschüttelt,
das zwingt uns stillzustehn.
Das ist die Rücksicht,
die Elend läßt zu hohen Jahren kommen.
Denn wer ertrüg' der Zeiten Spott und Geißel,
des Mächt'gen Druck,
des Stolzen Mißhandlungen,
verschmähter Liebe Pein,
des Rechtes Aufschub,
den Übermut der Ämter und die Schmach,
die Unwert schweigendem Verdienst erweist,
wenn er sich selbst
in Ruhstand setzen könnte
mit einer Nadel bloß? Wer trüge Lasten
und stöhnt' und schwitzte unter Lebensmüh'?
Nur daß die Furcht vor etwas nach dem Tod -
das unentdeckte Land, von des Bezirk
kein Wanderer wiederkehrt - den Willen irrt,
daß wir die Übel, die wir haben, lieber
ertragen, als zu Unbekannten zu fliehn.

WILLIAM SHAKESPEARE

Vergiß, o Menschenseele, nicht,
daß du Flügel hast.
EMANUEL GEIBEL

Gleich zu sein unter Gleichen,
das läßt sich schwer erreichen:
Du müßtest ohne Verdrießen
wie der Schlechteste zu sein dich ent-
schließen.
JOHANN WOLFGANG VON GOETHE

Alles Wissen geht aus einem Zweifel hervor
und endigt in einem Glauben.
MARIE VON EBNER-ESCHENBACH

Doch vergiß es nicht: die Träume,
sie erschaffen nicht die Wünsche,
die vorhandenen wecken sie.
FRANZ GRILLPARZER

MUßT DU DENN BESITZEN, WAS DICH
ERFREUT?
UNERREICHBAR WANDELN DIE STERNE
IHRE BAHN,
UND JEDER FREUT IHRER DENNOCH.
CHRISTIAN DIETRICH GRABBE

In tiefen Nächten grab ich dich,
du Schatz.
Denn alle Überflüsse, die ich sah,
sind Armut und armseliger Ersatz
für deine Schönheit,
die noch nie geschah.
Aber der Weg zu dir ist furchtbar weit
und, weil ihn lange keiner ging,
verweht.
O du bist einsam.
Du bist Einsamkeit,
du Herz, das zu entfernten Talen geht.
Und meine Hände, welche blutig sind
vom Graben, heb ich offen in den Wind,
so daß sie sich verzweigen
wie ein Baum.
Ich sauge dich mit ihnen aus dem Raum
als hättest du dich einmal dort zerschellt
in einer ungeduldigen Gebärde,
und fielest jetzt, eine zerstäubte Welt,
aus fernen Sternen wieder auf die Erde
sanft wie ein Frühlingsregen fällt.

RAINER MARIA RILKE

Ich bin zu Hause zwischen Tag und Traum.
Dort, wo die Abendglocken klar verklangen
und Mädchen, vom Verhallenden befangen,
sich müde stützen auf den Brunnensaum.
Und eine Linde ist mein Lieblingsbaum;
und alle Sommer, welche in ihr schweigen,
rühren sich wieder in den tausend Zweigen
und wachen wieder zwischen Tag und Traum.

RAINER MARIA RILKE

Nur die Oberflächlichen kennen sich selbst.

OSCAR WILDE

DES MENSCHEN TATEN UND GEDANKEN,
WIẞT!
SIND NICHT WIE MEERES BLIND BEWEGTE
WELLEN.
DIE INNRE WELT, SEIN MIKROKOSMOS IST
DER TIEFE SCHACHT, AUS DEM SIE EWIG
QUELLEN.

FRIEDRICH SCHILLER

Schau auf niemand herab,
und wirf dich selbst nicht für nichts weg!

JOHANN KASPAR LAVATER